My First Somali
Alphabets

Picture Book with English Translations

Published By: MyFirstPictureBook.com

B
b

Bisad

Cat

T
t

Tufaax

Apple

J j

Jiir

Mouse

X
x

Ubax

Flower

Kh
kh

Khad

Ink

D
d

Daruur

Cloud

R
r

Rah

Frog

S
s

Saabuun

Soap

Sh
sh

Shimbir

Bird

Dh
dh

Dhiig

Blood

C
c

Caleen

Leaf

G

g

Gacan

Hand

F f

Faras

Horse

Q
q

Qalin

Pen

K k

Kursi

Chair

L
l

Lacag

Money

M
m

Miis

Table

N

n

Doon

Boat

W
w

Webi

River

H
h

Hilib

Meat

Y
y

Yaxaas

Crocodile

A

a

Albaab

Door

E

e

Wadne

Heart

I i

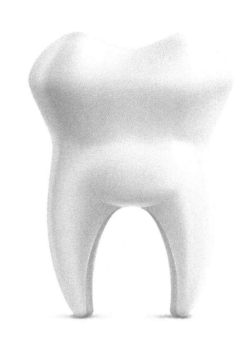

Ilig

Tooth

O o

Hooyo

Mother

U u

Dugsi

School

Aa

aa

Caano

Milk

Ee
ee

Geed

Tree

Ii
ii

Sariir

Bed

Oo
oo

Roob

Rain

Uu
uu

Buur

Mountain

CPSIA information can be obtained
at www.ICGtesting.com
Printed in the USA
LVHW071522181121
703739LV00009B/305

9 780369 600714